LE MANUEL
DU
BON CONSCRIT
OU
CONSEILS AUX JEUNES SOLDATS
APPELÉS SOUS LES DRAPEAUX

PAR

L'ADJUDANT PUGEAULT
Du 32e d'infanterie.

CHATELLERAULT
CHEZ L'AUTEUR, 32e DE LIGNE

1892

LE MANUEL

DU

BON CONSCRIT

PRIX :

Franco par la poste. . . . . 35 c.

Contre mandat ou timbres-poste.

LE MANUEL

DU

BON CONSCRIT

OU

CONSEILS AUX JEUNES SOLDATS

APPELÉS SOUS LES DRAPEAUX

PAR

L'ADJUDANT PUGEAULT

Du 32e d'infanterie.

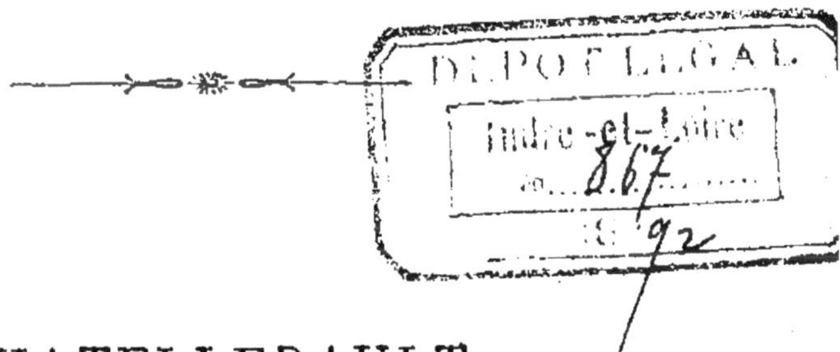

CHATELLERAULT

CHEZ L'AUTEUR, 32e DE LIGNE

1892

Tours, le 1er mars 1892.

L'adjudant Pugeault, de la 2e compagnie du 3e bataillon du 32e régiment d'infanterie, à monsieur le Capitaine commandant ladite compagnie.

Mon Capitaine,

J'ai l'honneur de soumettre à votre appréciation le petit travail ci-joint, que j'ai cru pouvoir intituler : *le Manuel du bon conscrit.*

J'ai consigné dans cet opuscule, en les commentant, les observations que j'ai pu recueillir, depuis douze ans, sur les arrivées successives des jeunes soldats au régiment.

Le but que je me propose, et que pourrait atteindre une plume autrement exercée que la mienne, est celui de rassurer ces jeunes gens pour la plupart timorés, de les dépouiller de cet air embarrassé et craintif qui les caractérise et nuit aux progrès de leur instruction, de les initier promptement aux débuts de la vie de caserne qu'ils semblent redouter, de leur inspirer enfin la confiance entière que méritent nos institutions militaires actuelles.

Puissent ces quelques pages recevoir les honneurs de l'impression, et répandre les instructions et conseils qu'elles renferment, et que je crois utiles au développement rapide des qualités militaires, chez ces nombreux conscrits qui attendent dans leur famille, anxieux et, pour la plupart, mal renseignés.

J'estime que la lecture de ce Manuel, avant l'incorporation, réveillera le patriotisme du jeune soldat, lui montrera l'utilité de la discipline, lui imprimera le respect de l'autorité, et préparera l'efficacité des théories dans les chambres, si péniblement fructueuses, en raison des nombreuses matières qui encombrent, dès les premiers jours, sa mémoire fatiguée.

PUGEAULT

LE MANUEL

DU

BON CONSCRIT

Debout !

L'heure du départ a sonné.

Le moment est venu d'acquitter la dette commune, que vous avez contractée en naissant sur le sol de la France. Vous allez bientôt quitter vos parents, vos amis, laisser vos occupations, abandonner le toit paternel, pour aller apprendre à servir et à défendre votre pays.

Loin d'accomplir ce noble devoir de l'air indifférent et piteux des insouciants et des lâches, réjouissez-vous, au contraire, de l'insigne honneur qui vous est fait, et bannissez de votre esprit tout sentiment matériel qui pourrait vous retenir au foyer. Si la tâche à première vue vous paraît difficile, tournez vos regards du côté de la frontière, songez à l'ennemi détesté qui commit des atrocités sans nom sur notre territoire envahi, répandit le deuil dans nos familles éplorées, et, aidé de ces lugubres mais puissants souvenirs, vous ferez bravement et sans hésitation l'abandon complet des trois courtes années que vous devez passer sous les drapeaux.

N'ayant en général que des idées très vagues, et souvent inexactes, du métier militaire, peut-être éprouverez-vous quelque appréhension au moment d'entrer dans la vie nouvelle à laquelle vous êtes appelé. Dissipez ces inquiétudes : le sort du jeune soldat a changé, la métamorphose est complète.

Vous ne vous attendrez pas cependant à trouver au régiment les soins maternels dont vous étiez entouré dans votre famille, car vous seriez victime d'une grave illusion. Il est inutile d'insister sur ce point. Vous sentez déjà, comme le troupier le plus consommé, que vous êtes un homme accompli, capable de mépriser tout ménagement puéril, parce que vous savez que ce n'est pas avec des troupes efféminées et non aguerries qu'on peut faire respecter l'honneur de la France et sauver de l'invasion nos provinces convoitées.

L'allocution suivante, qu'un de vos camarades a adressée l'année dernière à M. le sous-préfet de Montmédy, prouve assez d'ailleurs de quels sentiments patriotiques est animée la génération actuelle :

« Au nom de mes frères de la classe de 1890, dit-il, permettez-moi de vous offrir nos plus sincères hommages. Nous saluons en votre personne le nom vénéré du Président de la République ; nous saluons la France, si chère à nos cœurs de vingt ans !

« Nés à cette époque terrible où beaucoup d'entre nous n'ont pas connu leur père mort au champ d'honneur, nous n'avons pas vu ces jours de tristesse où la patrie en deuil pleurait ses défenseurs tombés sous les balles ennemies et son sol envahi ; nous n'avons pas senti la honte de la défaite, ni éprouvé les horreurs de la guerre ; mais nous avons grandi au milieu des souvenirs, nous avons vécu dans le passé, et les récits émouvants qui ont tant de fois frappé nos imaginations d'enfant ont éveillé dans nos cœurs l'amour du sol français, le culte des braves et la haine du vainqueur.

« Vingt ans se sont écoulés, sans avoir pu cicatriser la plaie faite au cœur de notre patrie ;

elle pleure toujours ses héros, ses braves et ses provinces perdues, et n'attend que le jour où, victorieuse et fière, elle aura vengé l'honneur de ses enfants.

« Appelés à servir notre chère patrie, si jamais des nuages venaient assombrir les plis de son noble drapeau, nous, conscrits, baptisés aussi les « fils de la Revanche », nous jurons de mourir tous jusqu'au dernier pour sauver l'honneur du nom français; et dans le râle de la mort, de nos poitrines haletantes s'échapperont les cris de : Vive la France! vive la République! »

Nobles et généreux élans, qui sont d'un heureux et bien consolant présage, parce qu'ils sont le fidèle écho des sentiments patriotiques dans lesquels grandit maintenant notre jeunesse française.

Ordre d'appel sous les drapeaux.

Environ huit ou quinze jours avant la date fixée pour votre convocation, il vous est remis par la gendarmerie un *Ordre d'appel sous les drapeaux,* exactement semblable au modèle ci-dessous, sauf les noms, les dates et les localités.

9e CORPS D'ARMÉE

SUBDIVISION
du *Blanc*

CLASSE DE 1889

1re PORTION

CANTON
de *Montrésor*

Nos du tirage 74
du registre matricule 1388

NOTA. Le présent ordre donne droit au quart de place sur les chemins de fer, et doit être représenté à la revue de départ, sous peine de perdre l'indemnité de route. (*Arrêté ministériel du* 31 *décembre* 1868.)

Par ordre du Ministre de la guerre, le nommé *MERCIER, Eugène,*...... *jeune soldat de la classe de 1889,* résidant à *Loché,* .... canton de *Montrésor,* .... département d'*Indre-et-Loire,* devra être rendu le *treize novembre 1890, à 9 heures 1/2 du matin, au Blanc* (*Indre*), *caserne Chanzy,* d'où il sera immédiatement dirigé sur le *32e régiment d'infanterie, à Tours.*

Tout retard non justifié, qu'apporterait le susnommé à l'exécution du présent ordre, le mettrait dans le cas d'être poursuivi et puni conformément aux prescriptions du code de justice militaire.

Le Commandant de recrutement.
Signature.

OBSERVATIONS DE LA GENDARMERIE

....

Si vous voulez connaître votre destination avant cette époque, vous pouvez vous adresser au recrutement, qui procède au travail d'affectation du contingent, un mois environ avant la date probable de l'incorporation.

Vous voyez mentionnés sur cet ordre d'appel l'arme et le corps auxquels vous êtes affecté, l'adresse et l'heure auxquelles vous devez vous présenter, soit au bureau de recrutement de votre subdivision, soit directement au corps où vous êtes placé.

C'est le premier devoir que vous avez à remplir comme militaire; aussi, à moins de cas de force majeure, dont vous rendriez immédiatement compte à la gendarmerie, montrez-vous très exact à la convocation qui vous est remise. Il va sans dire que l'on n'entend pas par cas de force majeure des considérations de famille, mais des raisons personnelles, telles que maladie grave dûment constatée, avec certificat du médecin à l'appui.

Préparatifs de départ.

La veille de son départ, le conscrit est absorbé par la pensée des préparatifs qu'il doit faire, et sur lesquels généralement il n'a que des données très vagues.

Bien qu'il ne faille pas attacher à cette question trop d'importance, il est utile néanmoins de ne pas la négliger tout à fait; aussi, pour éclairer votre opinion sur ce point, lisez avec attention les conseils suivants, qui ne manqueront sans doute pas de trivialité, mais sans lesquels cependant tout jeune homme, même instruit, peut être embarrassé :

Quelle que soit votre situation de fortune, évitez de vous présenter à la caserne avec une valise bondée de linge de toute nature, dont vous n'aurez nullement besoin; aucune caisse, malle ou valise, ne vous sera d'ailleurs tolérée au quartier. Bornez-vous donc à partir irréprochable de propreté, emportant simplement : 1 chemise, 1 pantalon, 1 blouse ou paletot, 1 paire de chaussures, 1 coiffure quelconque; en un mot, ayez une tenue convenable.

Toutefois vous pourrez, si vous les possédez, ajouter à cette énumération : 1 chemise, 1 caleçon, 3 paires de chaussettes, 3 mouchoirs, et, en prévision de l'hiver, 1 léger gilet à manches ne vous descendant qu'à la ceinture, de préférence à un épais tricot de laine, gênant pour la manœuvre et difficile à mettre sous vos effets militaires.

Ces divers effets pourront aisément tenir dans l'étui-musette qui vous sera distribué; tout autre serait superflu et ne pourrait, en outre, figurer dans le paquetage réglementaire sans vous faire encourir quelque punition.

Parmi ces derniers effets, ne croyez point qu'il en soit d'indispensables; ils vous rendront quelques services, mais ne vous seront pas absolument nécessaires. Gardez-vous donc de vous les procurer, si vous ne les avez pas. Je m'explique.

Les chemises vous seront de quelque utilité le jour où deux fois consécutives vous rentrerez mouillé au quartier, à la suite d'un exercice fatigant ou exécuté par un mauvais temps.

Le caleçon vous permettra de vous présenter peut-être avec moins d'embarras au magasin, quand vous serez habillé; mais c'est une question purement secondaire; les 2 caleçons dont chaque soldat est pourvu à son arrivée au corps ont toujours été jugés suffisants.

Les chaussettes pourront vous aider pendant quelque temps à conserver l'habitude d'en porter. En effet, dans ma compagnie, d'un effectif de 110 hommes présents questionnés à ce sujet, en dehors des sous-officiers, 5 seulement faisaient usage de chaussettes : 1 seul ancien, qui avait les pieds excoriés, et 4 jeunes, qui comptaient à peine six mois de présence sous les drapeaux.

Vous pouvez sans inconvénient laisser de côté les mouchoirs, mais ne craignez pas d'arriver au régiment avec un gilet, qui vous sera réellement utile pendant la saison rigoureuse. Cependant, je vous le répète, n'ayez qu'un tricot léger, et non de véritables matelas comme en apportent presque tous les jeunes soldats, qu'on serait dans l'obligation de vous interdire.

Si vous négligez de suivre ces petits conseils dictés par l'expérience, qu'arrive-t-il?

Forcé de faire disparaître du quartier les effets non réglementaires et sagement interdits dont vous vous êtes muni, vous les confiez peut-être à quelque débitant du voisinage, qui s'empresse de mettre à votre entière disposition un local offrant les garanties les plus douteuses. Ce mercanti à conscience élastique, habile autant qu'hypocrite, ne se propose qu'un seul but sous les apparences trompeuses d'un service rendu : celui de posséder votre clientèle, pour vous provoquer ensuite facilement à la consommation. Honnête et droit, mais inexpérimenté, vous n'osez pas supposer que vous allez être exploité, et, sans arrière-pensée aucune, vous vous laissez convaincre. Peu à peu cependant vos ressources s'épuisent. Après quelques hésitations presque toujours surmontées, vous risquez un petit emprunt difficilement restitué; puis, alléché par une opération si commode, vous en faites un deuxième, qui vous met dans un plus grand embarras. Enfin, comme conséquence inévitable de la triste situation dans laquelle vous êtes progressivement tombé, votre malle ou valise reste avec son contenu engagée ou souvent perdue pour le prix dérisoire de quelques dépenses habilement majorées.

Admettez encore le cas possible d'un vol au quartier. Que se passe-t-il ?

Afin de punir sévèrement le coupable, qui tombe sous le coup du conseil de guerre, une enquête minutieuse est prescrite, des fouilles s'opèrent, et des punitions sévères infligées pour certaines infractions découvertes vous invitent à méditer dans la suite, mais trop tard, aux fâcheuses conséquences signalées ci-dessus.

Assistez à quelques séances de conseils de guerre, et vous verrez par vous-même que la plupart des vols dont sont trop fréquemment saisis les conseils démontrent presque toujours la présence de valises, malles, chambres en ville, etc. Il est donc prudent de n'apporter que le strict nécessaire. Fuyez le péril; car, sans vouloir ici faire une règle générale de la maxime qui dit sagement que « celui qui aime le danger y périt », il n'est pas invraisemblable d'avancer que beaucoup n'auraient jamais succombé, s'ils n'avaient pas recherché le danger, se faisant à l'avance, mais trop témérairement, forts de le combattre.

Chaque jeune soldat, à son arrivée au régiment, reçoit comme linge de corps :

- 3 chemises.
- 2 caleçons.
- 2 calottes de coton.
- 3 mouchoirs (dont 1 illustré, servant généralement au paquetage).
- 2 serviettes.

Ce qui, comme vous le voyez, suffit largement à ses besoins.

Le porte-monnaie.

De toutes les questions qui obsèdent le conscrit avant son incorporation, celle qui a le don de le préoccuper plus particulièrement est, sans nul doute, celle qui concerne le porte-monnaie.

Dès qu'il a subi le conseil de revision, il s'empresse d'assurer ses petites économies; vous le voyez en proie à une sorte d'inquiétude que lui-même ne saurait expliquer, si, malgré tous ses efforts, il n'a pu recueillir une somme presque importante, que n'oublie pas d'arrondir cependant encore, à l'insu du père, qui se réserve gravement pour la dernière heure, la mère trop soucieuse du bien-être de son fils. Y a-t-il donc réellement lieu de tant s'émouvoir sur ce point? Assurément non. Que deviendra, en effet, l'argent que vous aurez ainsi amassé, et que même vous aurez pris soin de dissimuler dans une ceinture de cuir, vous promettant bien de n'y toucher qu'en cas d'urgence? Cet argent, croyez-moi, disparaîtra rapidement en des dépenses inutiles, souvent faites dans le but illusoire de vous créer des amis. S'il vous arrive d'économiser en prévision de votre départ au régiment, confiez de préférence vos économies à une personne sûre, à laquelle vous recommanderez de ne prélever, pour vous les envoyer, que 5 ou 10 francs par mois, qui vous suffiront largement. Bon nombre de jeunes gens n'emportent que très peu d'argent; beaucoup n'en reçoivent jamais, ce qui ne les empêche pas de faire des soldats quelquefois meilleurs que leurs camarades au porte-monnaie bien garni. Dans bien des cas même, vous vous féliciterez de ne pas être favorisé sous le rapport pécuniaire. Combien de jeunes soldats qui finissent mal n'auraient pas vu leur avenir brisé, s'ils n'avaient pas eu des sommes importantes à leur disposition ! La richesse n'est pas un défaut, certes; mais au régiment surtout, où le jeune soldat n'a pour suppléer à la sage direction de ses parents que l'inexpérience de ses vingt ans, elle est une source de manquements qui peuvent lui attirer des déboires sérieux, n'ayant souvent d'autres résultats que la perte de son avenir.

Un seul exemple pris au hasard suffira à vous le démontrer.

« Un jeune soldat très bien doué sous tous les rapports, et particulièrement sous celui de la fortune, recevait régulièrement 150 francs par mois. Dans les premiers temps, sa conduite ne laissa rien à désirer. A part quelques dépenses qui ne dénotaient chez lui que des goûts modestes, le reste de son argent était en partie consacré à l'amélioration de son ordinaire. Mais cette vie trop monotone ne pouvait durer. Poussé par ses camarades, qui ne comprenaient pas qu'un homme comme lui se contentât de ce qu'ils appelaient une existence de demoiselle, il se décida à sortir plus fréquemment. Il fit bientôt des accrocs sensibles aux habitudes rangées qu'on lui avait connues jusqu'alors; c'est ainsi qu'il rentra plusieurs fois à la caserne en état d'ébriété. Ses libations réitérées ne tardèrent pas à dégénérer en véritables orgies, qui lui firent manquer plusieurs fois l'appel du soir et encourir par suite de graves punitions. Mais les répressions ne réussirent pas à le corriger; il continua même à mener si joyeuse vie, que le métier commença d'abord par lui peser, pour lui devenir ensuite insupportable. Un soir qu'il avait oublié l'appel pour la quatrième fois, se voyant sous le coup de 30 jours de prison, il n'hésita pas à passer à l'étranger, abandonnant sa famille qu'il déshonorait, désertant ainsi son drapeau. Il resta dix-huit mois en Espagne, pendant lesquels il vécut dans la plus noire misère, n'ayant pu réussir à apitoyer ses parents désolés. Enfin, pris de nostalgie et rongé de remords, il rentra en France pour se constituer prisonnier. Traduit devant un conseil de guerre, il fut condamné à trois ans de travaux publics pour désertion à l'étranger en temps de paix.»

Vous qui êtes dans l'opulence, je vous entends vous révolter contre de pareilles théories; mais prenez garde! La fortune, en tant que vous puissiez en disposer librement, est presque toujours incompatible avec la fragilité de votre jeune âge, et malheur à celui dont la bourse est généreusement alimentée, s'il ne sait se diriger lui-même avec la fermeté d'un caractère éprouvé.

Les adieux.

Vous serez le plus expéditif possible dans vos adieux le jour du départ. Si vous entrez dans trop de considérations sentimentales, le cœur involontairement prédisposé finit par s'attendrir, et le départ devient alors douloureux, presque ridicule, lorsqu'il doit être d'une gaieté relative, tout en restant dans les limites que vous saurez respecter et que commande à tous la solidité de l'affection que nous devons à nos parents en échange des sacrifices qu'ils se sont imposés pour nous.

Vos adieux, dans lesquels vous saurez n'oublier aucun de ceux qui les attendent pour prouver à tous votre éducation, ne devront donc pas être lugubres ni paraître définitifs, puisque deux mois seulement après votre arrivée au corps, le jour du premier de l'an, vous pouvez déjà obtenir, si vous le voulez, une permission de quelques jours généreusement accordée à pareille époque à tous ceux qui la méritent.

Le départ.

Muni de votre ordre d'appel et, s'il y a lieu, de votre petit ballot entièrement préparé dès la veille, sans oublier d'y joindre quelques provisions de bouche, partez décidément avec la fierté de l'homme qui va remplir le plus noble des devoirs.

N'attendez pas la dernière heure pour terminer vos préparatifs, car l'émotion peut vous troubler suffisamment au moment de la séparation pour vous faire oublier ce que vous devez emporter, oubli dont vous ne tarderiez pas à ressentir tous les ennuis.

N'omettez pas de vous assurer un repas froid ; il peut, en effet, arriver que pour une raison quelconque le recrutement soit obligé de vous diriger immédiatement sur votre corps d'affectation, ou, par suite des exigences du service des trains, de reculer votre mise en route même à une heure tardive. Qu'en résulte-t-il ?

Dans le premier cas, afin que personne

ne puisse manquer le départ et que chacun reste dans la main des gradés chargés de vous emmener, des ordres sévères sont donnés pour que nul ne s'éloigne. Si donc vous avez négligé de faire quelques petites provisions, vous risquez fort d'avoir à vous en repentir, car il ne faut pas espérer être entièrement libre aussitôt votre arrivée; les renseignements et dispositions qu'on peut avoir à prendre à votre sujet peuvent encore demander plusieurs heures.

Dans le deuxième cas, vous avez, il est vrai, la ressource des restaurants; mais n'oubliez pas que vous êtes de passage et que des commerçants peu scrupuleux, flairant en vous une bonne aubaine, n'hésiteront pas à vous faire payer presque toujours fort cher des aliments de mauvaise qualité. Retenez ces détails, et croyez qu'il est sage de se conformer à ces recommandations, qui ont leur importance.

Il est possible, en outre, que votre détachement n'arrive au quartier qu'après la fermeture des cantines; le fait se produit assez fréquemment, et beaucoup de jeunes soldats ont à se plaindre sincèrement de la faim, mais un peu tard, comme vous devez le penser.

De même que vous saurez prendre toutes vos dispositions pour régler votre départ, de manière à ne pas manquer l'appel au recrutement, vous apporterez la plus scrupuleuse attention à ne pas vous y rendre en état d'ébriété. Les occasions de libations sont nombreuses; ayez soin de savoir les réduire à leur minimum, et prenez garde aux dispositions spéciales dans lesquelles se trouve involontairement tout conscrit qui veut se soustraire à l'émotion naturelle du départ. C'est un sentiment tout instinctif qui trouve accès indistinctement chez tous les tempéraments, même les plus apathiques; ne cherchez donc pas à lui opposer la boisson, vous seriez la première victime. Et sans vouloir ici viser la majorité, il n'est pas tout à fait inutile de vous inviter, non pas à l'application stricte et sévère de la plus rigoureuse et parfaite sobriété, mais à l'observation pure et simple des principes d'éducation qui s'opposent sagement aux abus scandaleux de l'alcool.

Au recrutement.

Présentez-vous soit au bureau de votre recrutement, soit directement à la caserne qui vous aura été signifiée, exactement à l'heure qui figure sur votre ordre d'appel, que vous consulterez attentivement à ce sujet.

Il est inutile d'y arriver à l'avance, car

votre empressement n'aurait d'autre résultat que celui de vous faire stationner inutilement dans la rue, et quelquefois en désordre, ce qui pourrait vous valoir une invitation au silence et à la bonne tenue, peut-être même des mesures plus désagréables que vous pouvez facilement éviter.

Mais si d'un côté il peut y avoir quelques légers inconvénients à devancer l'heure de la convocation, d'un autre côté il peut résulter des conséquences plus graves, voire même une punition de prison, si, au lieu d'user d'empressement, vous péchiez par excès contraire et manquiez l'appel de votre détachement. Attachez-vous donc, dès maintenant, à faire preuve de cette ponctualité militaire jamais trop bien observée, qui désormais devra caractériser tous vos actes.

Après avoir reçu les allocations auxquelles vous avez droit, et que vous trouverez mentionnées dans le chapitre suivant, vous êtes remis entre les mains de gradés, appelés cadres de conduite, venus des régiments ou bataillons auxquels vous êtes affecté. Ces gradés sont chargés de vous conduire en détachement à votre corps respectif. Dès ce moment, quels qu'ils soient, officiers, sous-officiers, caporaux ou brigadiers, vous leur devez le respect et cette obéissance passive, qui ne supporte aucune discussion et met un frein aux caprices de toute volonté. N'oubliez jamais que vous la devez, en toutes circonstances, à tous vos supérieurs militaires indistinctement, parce qu'elle est la source et le principe de la discipline, qui fait la force des armées.

Écoutez attentivement les instructions qui vous sont données pour le départ, retenez-les et soyez fidèle au rassemblement, qui s'effectuera sans difficulté, rapidement et avec ordre, grâce aux recommandations qui vous auront été faites et que vous aurez rigoureusement suivies, grâce aussi aux quelques principes militaires que vous aurez peut-être déjà reçus, tant dans les sociétés de tir et de gymnastique que dans les écoles, que l'on a l'excellente idée de doter d'un instructeur, principes que vous vous empresserez de mettre en pratique.

Si vous devez passer la nuit en billet de logement, au lieu de faire de trop nombreuses stations dans les cafés, utilisez de préférence vos loisirs en profitant de votre passage dans la ville pour en visiter les monuments et curiosités. Dans le cas contraire, reposez-vous; mais ne vous attardez pas inutilement, surtout dans des lieux interlopes, que vous ne pouvez fréquenter qu'au détriment de votre santé et de votre bourse, qu'il est préférable de conserver pour des occasions meilleures. Couchez-vous de bonne heure et n'oubliez pas, au préalable, de prier votre hôte et vos camarades voisins de logement de vous réveiller dans le cas où vous resteriez endormi, et cela dans le but très important de ne pas manquer le départ de votre détachement.

Allocations accordées aux jeunes soldats.

Jeunes soldats passant par le bureau de recrutement. — Pour la distance comprise entre le chef-lieu de canton de votre domicile et le bureau de recrutement, il vous est alloué : 1° l'indemnité journalière seule (1 fr. 25), si la distance parcourue est supérieure à 24 kilomètres et inférieure à 37 kilomètres; 2° l'indemnité journalière et l'indemnité kilométrique (0 fr. 017), si la distance est supérieure à 36 kilomètres.

Ceux d'entre vous qui ont moins de 25 kilomètres à franchir pour rejoindre le point de réunion n'ont droit à aucune allocation. Arrivés au bureau de recrutement, ils sont formés en détachement et reçoivent alors la solde spéciale (0 fr. 55 et le pain); mais cette somme ne se cumule pas avec l'indemnité de route que vous pouvez avoir reçue pour le jour de votre formation en détachement.

Si, exceptionnellement, vous n'êtes formés en détachement que le lendemain du jour où vous êtes arrivés au point de réunion, il est alloué à ceux d'entre vous qui n'ont pas eu droit à des frais de route l'indemnité de séjour (1 fr. 25).

Jeunes gens rejoignant directement leur corps.—Si vous êtes de cette deuxième catégorie, vous avez droit à l'indemnité de route dans les mêmes conditions que ceux qui passent par le bureau de recrutement. Vous entrez en solde du jour même de votre incorporation, si vous n'avez pas eu droit, pour ce jour, à l'indemnité de route, ou seulement du lendemain de votre arrivée au corps quand vous avez eu droit à cette indemnité, alors même que les délais de route ne seraient pas encore expirés.

Enfin, que vous passiez par le bureau de recrutement ou que vous rejoigniez directement, l'indemnité journalière spéciale de 1 fr. 25 ne doit pas vous être allouée, en temps de paix, pour le jour de votre arrivée au corps.

A la gare.

Sachez modérer vos instincts tapageurs et apaiser vos cris, aussi bien dans la cour de la gare et les salles d'attente que sur les quais d'embarquement. Vous vous abstiendrez surtout d'y pousser à gorge déployée ces appels bruyants et désordonnés qui caractérisent plutôt la horde qu'une troupe civilisée. Occupez sans bruit, mais avec ordre et promptitude, les wagons qui vous sont affectés, tout en ne perdant pas de vue que la trop grande précipitation frise de près le désordre, qu'il faut avant tout savoir éviter. En un mot, faites-vous remarquer, en tout et partout, par votre attitude correcte et votre bonne tenue.

Dans ces conditions, votre détachement, même bigarré par ses blouses et ses paletots de nuances et de formes différentes, présentera néanmoins l'aspect d'une troupe assouplie et presque exercée, que chacun se plaira à considérer avec confiance dans l'avenir.

En chemin de fer.

Il serait déplacé de s'étendre longuement sur la série des défenses qui sont faites aux voyageurs et affichées dans chaque voiture. Deux mots seulement pour y contrevenir et vous accorder l'autorisation de fumer dans votre compartiment, à moins cependant que, pour cause majeure, on ait été obligé de vous faire voyager dans des wagons de marchandises, aménagés pour le transport des troupes. Dans l'intérêt de votre sécurité personnelle, respectez scrupuleusement l'interdiction de monter dans les voitures et d'en descendre avant l'arrêt complet du train; il en est toujours qui sont très pressés! Cependant les accidents, malheureusement trop nombreux, qui nous sont chaque jour signalés, devraient bien avoir le don de nous guérir de nos maladresses et de notre témérité.

Que penser aussi des imprudents qui n'hésitent pas à changer de compartiment pendant la marche du train, en passant par les portières? De telles extravagances sont inqualifiables, et il suffira de vous en faire entrevoir les dangers pour les prévenir; le moindre faux mouvement ou seulement l'arrivée d'un autre train sur une ligne à double voie ne peuvent-ils pas, en effet, déterminer un affreux accident?

Ne traiterons-nous pas également d'insensés ceux qui, pour se débarrasser d'une bouteille, par exemple, s'exposent à se voir poursuivre pour blessures involontaires en se faisant un sot plaisir de la briser pendant la marche du train contre une construction, au risque d'en faire rejaillir les éclats sur les personnes qui peuvent se trouver dans le voisinage?

Ces actes irréfléchis et regrettés sans doute

se sont pourtant produits; voyez combien ils sont fâcheux, dénués de bon sens, quelles conséquences graves ils peuvent entraîner, et vous vous abstiendrez de les commettre pendant la route.

Ne vaut-il pas mieux rester chacun à sa place et donner, par exemple, à un homme d'équipe qui peut en retirer quelque fruit, ces bouteilles que vous avez pris soin d'emporter, plutôt que de les jeter sur la voie? En pareille circonstance, un de ces ouvriers fut un jour ravi de voir s'en amonceler un tas énorme à ses pieds à l'arrivée d'un train occupé par des conscrits. Pourquoi ne pas imiter cet exemple?

L'arrivée.

Vous saurez faire remarquer, à votre arrivée, ces mêmes qualités d'ordre et de bonne tenue qu'on s'est déjà plu à constater en vous au départ. Vous mériterez ainsi les éloges, sinon exprimés, du moins tacites, des officiers qui vous attendent au quartier.

Il ne faut pas que votre cœur se serre parce que bientôt vous allez être mis au contact de vos supérieurs. Ayez entière confiance en eux; ils sauront trouver le moyen de vous faire aimer votre métier, et vous qui aujourd'hui entamez si timidement la vie des armes, peut-être en ferez-vous votre carrière. Ceci s'adresse à tous, aussi bien aux illettrés qu'aux érudits. N'avons-nous pas vu fréquemment, en effet, des jeunes gens dénués d'instruction apprendre à lire et à écrire, devenir de parfaits sous-officiers rengagés et quelquefois, à force de travail, conquérir les brillants galons d'officier. Quel heureux contraste !

Au quartier.

C'est au quartier qu'en faisant l'appel des hommes de votre détachement, le major ou son suppléant affecte chacun de vous à sa compagnie, escadron ou batterie.

Les sergents-majors ou maréchaux-des-logis-chefs, aidés de quelques gradés, vous conduisent ensuite dans votre casernement.

Ayez soin de retenir le numéro de votre compagnie, et n'hésitez pas à vous le faire répéter dans le cas où vous ne l'auriez pas nettement entendu.

Sans cette précaution vous pouvez facilement vous égarer, surtout si vous arrivez de nuit, et cela sans pouvoir demander de renseignements précis. Dans ces conditions, vous

vous exposez à errer quelquefois plus que vous ne voudriez, ne sachant où aller et qui demander, vous livrant ainsi par votre faute aux plaisanteries possibles et presque certaines de quelque farceur heureux de pouvoir s'amuser de votre embarras, et d'en profiter pour vous envoyer à la 15e du 10, qui n'a jamais existé. Le moyen le plus sûr à employer en pareil cas est d'aller au poste de police, près de la porte d'entrée du quartier, soumettre votre situation au sous-officier de garde, à qui vous donnez vos nom et prénoms, que ce dernier fait circuler de bureau en bureau jusqu'à ce que vous soyez reconnu.

Observez non moins attentivement l'étage, s'il y a lieu, et le numéro de la chambre où vous êtes placé, afin de ne pas être obligé, dans les débuts, d'avoir recours à Pierre et à Paul pour vous renseigner.

Après avoir retiré de votre ballot ce qui, en dehors des effets, peut exciter la convoitise, placez-le sur la planche à bagages au-dessus de votre lit, que vous trouverez tout préparé.

Vous êtes ensuite généralement conduit au magasin pour être habillé. Ayez soin de ne pas vous présenter les mains derrière le dos ou dans les poches, ni les jambes écartées. Sachez ne pas répondre aux gradés ces

« oui, Monsieur », « non » tout court, ou simplement par des signes de tête; cette façon d'agir n'a rien de militaire ou de poli. Il vous est facile de reconnaître vos supérieurs et surtout de distinguer vos officiers des autres gradés. Ayez l'amour-propre d'employer à l'égard de chacun d'eux l'appellation qui lui convient, de ne pas prendre votre capitaine pour votre sergent, et de ne pas vous servir de l'expression : « oui, *mon* fourrier; non, *mon* sergent, » lorsque vous vous contenterez de dire : « non, capitaine; oui, lieutenant, » intervertissant ainsi le degré de déférence. L'adjectif *mon* doit précéder le grade seulement à partir de l'adjudant. Vous dites, par exemple : « *mon* adjudant, *mon* lieutenant. »

Quelques lignes sur la distinction des grades suffiront pour vous fixer à ce sujet, du moins quant à ce qu'on peut exiger de vous dans les débuts. Qui donc n'a pas eu l'occasion de voir dans son village, fût-il même des plus reculés, sinon des officiers, du moins des sous-officiers, caporaux ou brigadiers? Ce dernier grade, caporal ou brigadier, est identiquement le même : caporal pour l'infanterie, brigadier pour la cavalerie et l'artillerie. N'en pas confondre les galons, qui sont en laine, avec ceux en argent du brigadier dans la gendarmerie.

Les sous-officiers ont un galon de deux centimètres de largeur, en or ou en argent, suivant l'arme.

Quant aux officiers, il est impossible de s'y tromper. Leurs galons, qui sont à peu près de la largeur d'une paille de blé à sa base, sont en forme de trèfle sur la manche (excepté dans les cuirassiers, la gendarmerie, la flotte et le corps du service de santé, où ils font simplement le tour de la manche). Le même nombre de galons que possède l'officier sur sa manche existe également autour de son képi.

Le galon de l'adjudant est de la forme du galon de l'officier; mais il est mélangé de soie rouge; il esten argent, si les officiers du corps portent le galon d'or; en or, s'ils portent le galon d'argent.

Le sous-lieutenant a	1	galon en	forme de trèfle.
Le lieutenant	2	—	—
Le capitaine	3	—	—
Le commandant ou chef d'escadrons	4	—	—
Le colonel	5	—	—

Le général de brigade a 1 rangée de feuilles de chêne brodées en or sur le képi, et 2 étoiles sur la manche.

Le général de division a 2 rangées de feuilles de chêne brodées en or sur le képi, et 3 étoiles sur la manche.

Le général en chef commandant un corps d'armée a les mêmes marques distinctives des grades que le général de division, mais avec un liséré d'argent au-dessus des 2 rangées de feuilles de chêne.

Ces renseignements sommaires pourront vous suffire pour l'instant; consultez-les toutefois souvent, pour ne pas paraître emprunté à côté de vos camarades qui auraient sagement profité de ces conseils.

De vos effets civils

APRÈS VOTRE INCORPORATION

Pour vous fixer à ce sujet, lisez avec soin la dépêche ministérielle en date du 29 octobre 1890, relative aux effets à emporter par les hommes renvoyés dans leurs foyers, dont la teneur suit :

« Paris, le 29 octobre 1890.

« Le président du Conseil, ministre de la guerre, à MM. les généraux commandant les corps d'armée.

« MON CHER GÉNÉRAL,

« Comme suite à ma dépêche du 22 août dernier, relative aux effets à emporter par les hommes renvoyés dans leurs foyers, j'ai l'honneur de vous informer qu'après examen des propositions qui m'ont été fournies sur cette question, j'ai décidé que, par modification aux dispositions des articles 58 et 60 de l'instruction du 16 novembre 1887, modifiées le 18 mars 1889 :

« 1° Les hommes quittant le corps après plus d'une année de service continueront à emporter les effets militaires prévus au tableau B annexé au règlement du 16 novembre 1887.

« 2° Les mêmes dispositions seront appliquées aux hommes gradés renvoyés, quelle que soit leur ancienneté de service.

« 3° Les hommes non gradés, ne faisant qu'un an de service ou moins, seront renvoyés avec leurs effets civils.

« Conformément aux dispositions de l'article 58 de l'instruction du 16 novembre 1887, 18 mars 1889, immédiatement après avoir été habillés, les jeunes soldats de cette dernière catégorie devront nettoyer les effets civils qu'ils ont apportés. Ces effets resteront déposés dans le magasin de la compagnie, après avoir été soigneusement empaquetés et étiquetés, pour être rendus à leurs propriétaires au moment de leur libération.

« Toutefois ceux des hommes qui, à leur incorporation, manifesteraient le désir de renvoyer chez eux, à leurs frais, leurs effets civils, pourront être autorisés à faire cet envoi, à la condition de prendre l'engagement de les faire revenir au moment de leur libération.

« Les dispositions de la présente dépêche n'ont pas un caractère définitif, mais elles seront applicables au contingent qui va être incessamment appelé sous les drapeaux.

« Je me réserve d'examiner ultérieurement la possibilité de renvoyer avec des effets militaires même les hommes d'un an, lorsque la situation générale des masses d'habillement et l'état d'avancement de la constitution des diverses collections le permettront.

« Je vous prie de vouloir bien porter la présente dépêche à la connaissance des corps et services intéressés, et d'en faire assurer l'exécution.

« Signé : DE FREYCINET. »

Il résulte de ce qui précède que les hommes faisant plus d'un an doivent se défaire de leurs effets civils ou les renvoyer chez eux, et que ceux qui ne font qu'une année de service sont autorisés à les laisser au corps, mais ils peuvent aussi les renvoyer à leur famille. C'est ce qui se fait généralement et deviendra prochainement obligatoire, quand les ressources de l'habillement permettront de libérer avec des effets militaires tous les hommes sans exception.

Renvoyez donc chez vous vos effets civils aussitôt que vous serez habillé; car, quelles que soient les précautions qui seront prises pour le bon entretien de vos effets déposés dans le magasin de votre unité administrative, il va sans dire que vos parents en prendront un soin plus intéressé. Néanmoins, jusqu'à nouvel ordre, vous restez entièrement libre à ce sujet.

Exploitations.

Il serait préférable de pouvoir taire ce chapitre, mais les procédés de quelques anciens, heureusement fort rares, qui cherchent à tirer profit de la naïveté du conscrit, exigent que vous soyez mis en garde contre leur manque de délicatesse.

Au régiment, le champ du larcin est aussi étendu que facile. Vous n'aurez pas, en effet, de garde-robe fermant à clef pour garantir vos effets de la main coupable. A part ce que contient votre poche, le reste, qui est en commun, se trouve à l'entière disposition de qui veut en user, sauf à encourir ensuite le terrible châtiment que réserve sagement, mais impitoyablement, le code de justice militaire.

Le voleur a donc au régiment toute latitude pour exercer son vil penchant; cependant, tranquillisez-vous, ce n'est pas du voleur proprement dit qu'il est question ici, car ce dernier n'existe dans les quartiers, en France, qu'autant qu'il a su déjouer les recherches de la justice, et alors il ne tarde pas à échouer sur les bancs du conseil de guerre. Notre chef suprême, en effet, ne voulant pas voir en notre contact des sujets ayant subi des condamnations antérieures à leur incorporation, leur a fermé la porte des casernes pour les envoyer directement en Afrique, aux bataillons d'infanterie légère.

Il est simplement fait allusion aux nombreux procédés que peuvent employer certains anciens à conscience élastique, pour extorquer quelques largesses aux « bleus ».

Les vieux errements n'étant pas encore entièrement déracinés, il pourra arriver, par exemple, qu'un ancien soldat vous offre pour 0 fr. 50 ou 0 fr. 60 une brosse ou une patience ne valant que 0 fr. 10 ou 0 fr. 15; mais l'objet a disparu de votre sac (celui qui vous propose le marché pourrait sans doute vous dire de quelle façon), il vous affirme que si vous ne le remplacez pas immédiatement vous tombez sous le coup d'une punition grave, et alors, par crainte, vous vous empressez d'accepter la proposition coupable et de payer, même à un prix exagéré, l'effet manquant qu'on vous aura probablement soustrait.

Si, malgré toutes les précautions que vous saurez prendre pour la conservation de vos effets, il vous arrive d'égarer quelque chose, rendez-en compte aussitôt et gardez-vous bien, à moins de nécessité absolue, d'acheter quoi que ce soit sans en avoir reçu l'ordre d'un gradé.

Peut-être aussi le perruquier cherchera-t-il à vous faire entendre qu'il est d'usage d'offrir la pièce au premier coup de rasoir; vous pourrez voir également quelque cuisinier en pied peu scrupuleux venir, avec son béret crânement aplati sur l'oreille, vous menacer de la plus mauvaise portion si vous négligez de le comprendre dans vos libéralités. Il pourra enfin arriver, cela s'est encore vu, mais c'est chose fort rare, qu'un sous-officier veuille se faire payer le numérotage de vos effets. Quelle sera donc votre conduite en pareil cas ? Si vous êtes l'objet d'exploitations, rendez-en compte aussitôt; s'il est question d'un gradé, le capitaine prononcera contre lui le châtiment sévère qu'il mérite; c'est un gradé indigne, qui abuse lâchement de son autorité, et dont vous n'avez pas à craindre les persécutions. Avec le sentiment du devoir et de l'honnêteté, ce mauvais serviteur a perdu aussi son prestige et son crédit. Il n'a plus droit à la confiance ni à l'estime de ses chefs ; il ne mérite aucune pitié et ne doit s'attendre qu'à la cassation, à laquelle il s'expose. S'il s'agit d'un camarade, une punition exemplaire saura bientôt mettre fin à ces sortes d'abus.

Pénétrez-vous bien que vous ne devez absolument rien à personne. Le caporal ou le brigadier, aidé des anciens soldats, est chargé de vous mettre au courant de tous les détails du métier ; ceux-ci, en vous enseignant ce qu'ils savent, ne font donc que leur devoir. Il ne faut cependant pas pousser les choses à l'extrême, et croire qu'il vous est interdit de reconnaître par une petite gracieuseté (je ne veux pas dire rémunération en argent, mais à l'occasion un verre de vin, un cigare, une pipe de tabac), un service ou une complaisance d'un camarade ; néanmoins il ne faut jamais rien offrir à un gradé, car un gradé qui se respecte sera offensé d'un pareil procédé.

De ce qui précède faut-il conclure que les faits se passent toujours ainsi et qu'il suffise de pénétrer dans un quartier pour être dévalisé ? Assurément non ; il faut, au contraire, s'empresser d'ajouter qu'au régiment on rencontre souvent les jeunes gens les plus probes et les plus obligeants. On s'y fait des amis dont on apprécie rapidement les réelles qualités, à qui l'on s'attache sincèrement et pour qui l'on a l'affection d'un frère. Les gradés sont généralement d'une probité exempte de tout reproche, d'une moralité éprouvée; ils sont, en un mot, très dignes à tous points de vue. Une exception, un fait isolé, ne sont-ils pas suffisants pour être signalés, afin que, prévenu, vous ne soyez pas la dupe inconsciente de ceux qui peuvent oublier les règles de la probité et le respect du bien d'autrui.

La bienvenue.

Déjà, chez vous, vous entendez parler de la bienvenue à payer aux anciens soldats. Devez-vous prendre le mot à la lettre et vous croire obligé d'offrir à la chambrée de nombreux litres de vin et d'eau-de-vie? Nullement. Entendez-vous, si vous le voulez, avec vos camarades pour arroser le repas d'un quart de vin, mais ne vous en faites pas un cas de conscience. Évitez de faire remplir à la cantine les cruches qu'on pourra étaler vides sous vos yeux. Abstenez-vous surtout d'introduire dans une chambre quelques litres d'alcool qui, avec de l'abus, attireraient sur vous et vos camarades des punitions sévères, et pourraient quelquefois aussi compromettre la solidité des galons de votre chef de chambrée.

Ne croyez pas que vos largesses vous feront mieux voir et que vous en serez mieux traité ; conservez votre argent pour des occasions plus critiques.

Ne vous figurez pas non plus que, le jour même de votre arrivée, vous êtes installé définitivement dans une chambre et avec des camarades que vous ne devrez plus quitter. Il ne peut en être ainsi. Le contingent arrivant à des dates différentes, le rang de taille ne peut être arrêté qu'à l'arrivée du dernier détachement ; vous êtes donc appelé à quitter dès le lendemain les amis de la veille, et à vous trouver avec une nouvelle chambrée qui n'aura pas profité de vos libéralités.

Il est donc prudent de ne pas trop vous presser et plus sage encore de complètement vous en abstenir.

Les brimades.

Les brimades, autrefois tacitement tolérées et presque ostensiblement encouragées par certains gradés, sont actuellement rigoureusement interdites.

Indépendamment de la responsabilité encourue par les sous-officiers et les officiers, les auteurs de brimades sont punis des peines les plus sévères. Si ces menaces devaient bannir à tout jamais de l'armée le retour des faits regrettables et quelquefois tragiques qu'on a vu se produire, il n'eût pas été nécessaire de vous en entretenir; mais, vous le savez, bien que de tout temps les crimes aient toujours été sévèrement poursuivis et réprimés, ils se commettent néanmoins encore nombreux et terribles ; aussi, quoique désormais les brimades soient appelées à devenir certainement plus rares, nous ne devons pas espérer les voir s'éteindre complètement. Rien ne devra donc vous surprendre si vous êtes, sinon les victimes, peut-être les témoins de ces prétendus jeux, qui ont parfois les plus tristes dénouements. Mais n'oubliez pas que vous êtes vous-même l'agent le plus propre à lutter efficacement en votre faveur. Évitez de donner prise aux taquineries de vos camarades, et, au lieu de vous fâcher pour des motifs insignifiants, soyez les premiers à rire de la farce qu'on aura pu vous faire. N'essayez point de vous montrer supérieur à tous; cette présomption serait mal accueillie. En un mot, faites preuve du meilleur caractère, et vous vous en trouverez bien.

Déclarez à l'occasion que vous êtes peu disposé à servir de jouet à la chambrée, et vous verrez qu'on en tiendra compte. Si la méthode ne suffit pas, votre devoir sera-t-il de supporter patiemment et stoïquement les persécutions fantaisistes de quelques mauvais esprits, et d'assister impassible à des scènes plus ou moins grandes de brutalités?

Non, il n'en sera pas ainsi, vous vous plaindrez.

Sauter à la couverte n'a rien d'amusant, et voir son lit mis en bascule, hissé sur la planche à pains, ses draps en portefeuille, rien de poétique.

Mais irez-vous trouver le capitaine pour la moindre farce, la plus petite chiquenaude, et faire retentir le quartier de vos jérémiades pour une simple plaisanterie? Pas le moins du monde. Il ne faut plus se conduire en écolier, il faut être homme et savoir faire sa police soi-même.

En 1879, étant jeune soldat, les anciens d'une petite chambrée résolurent de se jouer de la naïveté d'un innocent, en le faisant sauter à la couverte. Pendant trois jours consécutifs, il nous fut donné d'assister à ces grotesques séances avec l'envie cuisante d'en rendre compte, mais sans oser le faire, craignant d'être nous-mêmes pris à partie. A côté du pauvre camarade lancé sur la couverture, rien n'était oublié : sabots du cuisinier, brosses en chiendent, quarts, boîtes à cirage, gamelles, etc. Le premier soir, on rit à se tenir les côtes de la tête du malheureux ahuri. Le deuxième soir, la séance se renouvela avec non moins d'entrain. Le pauvre diable, sous l'effort de quatre bras vigoureux, bondissait jusqu'au plafond pour retomber lourdement sur la couverture avec les objets qui ne choisissaient pas leur place, bien entendu. Et, comme vous devez penser, l'hilarité atteignait son comble.

Le troisième soir, notre complaisant garçon, voyant le moment venu, s'étendit de lui-même sur la couverture étalée ; mais à chaque bond il riait plus fort que tous les camarades. La farce manqua d'intérêt, et le jeu, ayant perdu son charme, tomba de lui-même. Le lendemain on ne recommença plus.

Devrez-vous égaler en patience ce brave jeune homme, qui dans sa simplicité trouva cependant un des bons moyens de se tirer d'affaire ? Certes, non ; car ces dangereuses plaisanteries peuvent avoir les suites les plus graves.

Peu de temps après, en effet, nous apprenions qu'un jeune soldat se cassait la colonne vertébrale en tombant de son lit simplement mis en bascule. Depuis, maints comptes rendus ont relaté la comparution devant le conseil de guerre de jeunes gens poursuivis comme auteurs de plaisanteries de ce genre ayant occasionné des blessures graves.

La page d'écriture.

La feuille de renseignements que vous êtes tenu de remplir à votre arrivée au corps consiste en une page d'écriture (copie ou dictée d'une dizaine de lignes, suivie, s'il y a lieu, d'un petit problème).

En observation, sont mentionnés les titres universitaires, les certificats d'études que vous avez obtenus, et les langues étrangères que vous pouvez connaître.

N'allez pas, sous n'importe quel prétexte, annoncer que vous êtes bachelier, que vous avez votre brevet de capacité, ou que vous avez reçu un certificat d'études primaires, si cela n'est pas. Se targuer de titres qu'on ne possède pas serait trop facile ; les documents officiels étant toujours exigés au régiment, il serait donc imprudent et maladroit de se prévaloir de qualités qu'on ne peut justifier. Le cas s'est pourtant présenté, et des punitions ont dû être infligées pour ce motif.

Votre page d'écriture, dont le modèle suit, permet de constater le degré de votre instruction et de vous classer suivant vos aptitudes.

Ceux dont l'instruction est reconnue suffisante sont désignés pour suivre le cours des élèves-caporaux ou brigadiers. Si vous vous sentez des dispositions au commandement, estimez-vous heureux et ne manquez pas d'en profiter. Ne vous avisez pas, comme cela s'est déjà vu, de simuler un manque absolu d'instruction pour ne pas être porté *élève-martyr* (élève-caporal ou brigadier), sur les instigations erronées de quelque mauvais serviteur libéré, qu'une conduite peu exemplaire et une manière de servir médiocre ont maintenu pendant 25 à 30 mois avec des galons de laine.

Travaillez au contraire avec opiniâtreté, pour mériter les modestes galons du caporal. Ils sont le seuil de la hiérarchie militaire et conduisent aux galons de sous-officier, dont nul ne songe à se plaindre, mais dont chacun s'enorgueillit. Ils ouvrent la porte de la plus noble carrière que tous se félicitent d'avoir embrassée, et que beaucoup se repentent de n'avoir pas suivie.

Les illettrés forment une classe spéciale. Un sous-officier, aidé de quelques moniteurs, est chargé de leur apprendre à lire et à écrire dans des cours faits habituellement le soir, en dehors des exercices et des théories.

Il faudrait avoir vécu complètement à l'écart de la société pour ne pas connaître, à vingt ans, les inconvénients de toute nature que rencontre celui qui ne peut lui-même rédiger sa correspondance. Vous donc, malheureux jeunes gens, qui pour gagner le pain quotidien avez été privés dans votre bas âge des leçons qu'on ne sait pas toujours apprécier sur les bancs de l'école, sachez que, pendant le temps que vous devez passer sous les drapeaux, ne fût-ce qu'un an, il vous est facile d'apprendre suffisamment à lire et à écrire pour vous dispenser d'immiscer dans vos affaires privées le premier voisin venu dont vous ne pouvez garantir la discrétion. Si vous n'avez pas su retenir ce que vous aura difficilement appris l'instituteur pendant les quelques hivers trop courts passés à l'école, profitez de votre séjour au régiment pour vous remémorer et développer ensuite ce que vous avez déjà perdu.

Ce ne sera pas, certes, en laissant votre alphabet se couvrir de poussière sur la planche à bagages ; c'est en le consultant fréquemment et sans vous rebuter, à tous vos moments disponibles. Le premier camarade que vous rencontrerez se fera un plaisir de remplacer au besoin votre moniteur absent.

Usez de nombreux cahiers pour apprendre à écrire. C'est ainsi qu'avec une volonté solide et bien arrêtée vous saurez en peu de temps lire, écrire et compter.

FEUILLE DE RENSEIGNEMENTS

SUR UN MILITAIRE NOUVELLEMENT INCORPORÉ

N° matricule :
Nom et prénoms :
Date de l'arrivée au corps :
En quelle qualité :
Physique :
Intelligence :
Profession :

CONSTATATION DE L'INSTRUCTION PRIMAIRE

1° ÉCRITURE

COPIE.

DICTÉE.

2° ARITHMÉTIQUE

OBSERVATIONS DU CAPITAINE

SUR L'INSTRUCTION GÉNÉRALE DU MILITAIRE

Titres universitaires.

Certificats de fin d'études. — Langues étrangères.

A le 1892.

Le Capitaine.

L'exercice.

Avant de pouvoir rêver aux honneurs que réserve le métier militaire, il faut savoir les mériter par une conduite à l'abri de tout reproche, une ardeur infatigable au travail, un zèle soutenu, une bonne volonté constante aux exercices et aux théories.

Ne vous dissimulez pas que les débuts de l'instruction sont rudes et pénibles; vous saurez cependant en supporter vaillamment les fatigues et ne pas vous laisser aller au découragement, soit à cause de la rigueur du froid, soit parce que vous n'aurez pas saisi tout d'abord tel mouvement que vos camarades auront facilement exécuté. Armez-vous de patience, et, la bonne volonté aidant, vous y parviendrez comme tout le monde.

Chaque année, il est aisé de remarquer, parmi les recrues, des sujets manquant absolument d'aptitudes physiques; cependant les mouvements qui paraissaient impossibles au début deviennent bientôt familiers. Les maladroits surmontent peu à peu la difficulté du premier moment et ne manquent pas, au bout d'un certain temps, d'y arriver aussi bien que les camarades mieux doués au milieu desquels ils passent inaperçus.

Affrontez courageusement l'hiver et réagissez contre la rigueur de la température. Plus vous la braverez, moins elle vous paraîtra excessive.

Ne vous affectez pas outre mesure des reproches d'un instructeur peu commode, qui, pour obtenir mieux, se montrera rarement satisfait. Ne vous effrayez pas du ton énergique qu'il doit employer pour soutenir votre attention.

Évitez surtout de vous émouvoir jusqu'aux larmes parce qu'un gradé dont la patience est à bout, ce qui s'explique parfois, viendra vous menacer d'une punition. Soyez sans crainte, il ne vous l'infligera certainement qu'autant qu'il aura remarqué en vous trop d'inattention, de mollesse ou de mauvaise volonté. Mettez-vous à sa place, et vous comprendrez facilement sa mauvaise humeur momentanée. D'ailleurs ne seriez-vous pas les premiers, sinon à vous plaindre, du moins à trouver la tâche du soldat trop facile, si l'on vous traitait avec trop de ménagements et si l'on usait à votre égard d'une douceur exagérée, qui ferait du conscrit, non pas un soldat robuste et courageux, mais un être efféminé sans valeur, se rebutant au premier effort. N'oubliez donc pas qu'à vingt ans vous devez être un homme au caractère énergique, capable de supporter impassible, quoique en en tenant compte, toute observation sévère et empreinte même de rudesse militaire.

Au lieu de vous lamenter intérieurement sans motif, de vous laisser aller à la mélancolie et de nourrir des sentiments de nostalgie, faites preuve de fermeté, de courage et de bonne volonté. C'est ainsi que les jours s'écouleront avec rapidité et sans ennui, et qu'alors vous serez satisfait de vous-même et que vos supérieurs seront contents de vous.

Maladies.

Nul n'étant affranchi des maladies auxquelles se trouve journellement exposée notre frêle humanité, vous ne serez donc pas plus surpris ni plus désolé, comme militaire que comme civil, s'il vous arrive de tomber malade.

En effet, vous pouvez être assuré, quoi qu'on en dise, d'être au régiment toujours aussi bien soigné, si ce n'est mieux, que dans votre famille, où l'on hésite parfois à aller chercher, parce qu'il est éloigné, un docteur dont les visites et les ordonnances coûtent fort cher. A la caserne, chaque jour un médecin vous apporte ses soins assidus et gratuits, et tous les médicaments qu'exige votre état vous sont fournis dans les mêmes conditions par l'infirmerie ou l'hôpital où vous êtes traité.

Il nous arrive fréquemment de voir des

jeunes gens qui n'ont jamais pris, chez eux, le temps de se faire soigner, arriver au corps avec des maladies nettement caractérisées et quelquefois graves, telles que pleurésies, etc., qui nécessitent leur entrée d'urgence dans les hôpitaux.

S'il advient, par conséquent, que vous soyez malade, vous n'aurez donc rien à redouter; prévenez aussitôt votre chef de chambrée, allez à la visite, et après examen du docteur vous serez, s'il y a lieu, immédiatement soumis à un traitement sérieux et efficace.

Mais, si vous ne devez pas attendre des complications pour vous faire porter malade, vous ne devez pas non plus vous hâter d'aller à la visite pour le plus léger malaise. Cet abus n'aurait d'autre résultat que celui de vous faire ressortir comme paresseux et fricoteur, et de retarder inutilement votre instruction, qui demande à être poussée avec activité. En outre, quand un homme qui se présente à la visite n'est pas reconnu malade par le docteur, il encourt une punition qu'il lui serait facile d'éviter.

Simulations et mutilations.

Combattez énergiquement la maladie du retour qu'éprouve assez naturellement tout jeune soldat les premiers jours qu'il a quitté son pays.

Ayez en profonde horreur ces malheureux jeunes gens qui, cédant aux mauvaises inspirations que leur suggère la faiblesse d'un cerveau mal équilibré, poussent la lâcheté jusqu'à nourrir des idées de suicide ou à simuler des maladies graves, dans le but illusoire de se faire réformer.

Quelques exemples vous prouveront toute l'absurdité de tels raisonnements.

Un conscrit rongé de spleen et de mélancolie, par suite peu fanatique du métier, mais en revanche fort crédule, s'imagina, certain jour, de faire croire qu'il était atteint d'épilepsie.

Chaque matin, il ne manquait pas de tomber comme foudroyé sur la place d'exercices, où il se livrait à des contorsions se rapprochant des symptômes de la terrible maladie. Il réussissait ainsi à apitoyer les camarades et les badauds sur son malheureux sort, mais ne convainquait pas les officiers, dont l'œil exercé ne reconnut dans ces manœuvres que des simulations lâchement calculées. Ceux-ci néanmoins, pour dégager leur responsabilité, firent constater le cas par le médecin major, qui n'hésita pas, devant l'évidence de simulation, à signer une ordonnance dans laquelle il réclamait huit jours de prison comme traitement.

Mais notre faux épileptique ne se tint pas

pour battu, et, sa punition expirée, il renouvela ses chutes avec persistance sans vouloir abandonner son vil dessein. Quinze nouveaux jours de prison, résolument infligés sur l'affirmation du docteur, parvinrent enfin à faire chanceler les espérances et à calmer l'opiniâtreté du malade bien portant. Le remède fut efficace et la guérison complète. C'est alors que notre conscrit, trop confiant dans sa supercherie, se décida enfin à avouer son système, ajoutant malignement qu'il aurait bien pu réussir.

Un autre jeune soldat, digne pendant du premier, n'ayant pu se faire réformer au conseil de revision, arriva au régiment avec le tatouage au front : « Pas de chance. » Il ne trouva rien de mieux, afin d'essayer de se faire exonérer du service militaire, que de tenir constamment la tête baissée, prétextant une déviation de l'épine dorsale. Le docteur, consulté à son sujet, répondit négativement sur son cas de maladie. Mais notre conscrit ne se déconcerta point. Il opposa, au contraire, la plus grande obstination dans son projet fortement arrêté. Pour le faire changer de résolution tout fut employé, sans même omettre un moyen ingénieux et pratique, qui consistait à lui adapter sous le menton un morceau de bois aigu, afin de l'obliger à maintenir la tête haute.

Ce procédé fut employé pendant deux jours, sans autre résultat que celui de déchirer la gorge de notre patient. Un moment sa constance parut inébranlable et apporta des doutes sur sa simulation. Restait encore la prison comme dernier remède. Aussitôt incarcéré, notre conscrit, se croyant sans doute à l'abri de toute surveillance, s'empressa d'enlever l'appareil gênant, qu'avec une sollicitude trop paternelle et dont il se serait probablement passé, on lui avait appliqué pour sa guérison. Mais il était observé; un sous-officier commis à cet effet le suivait dans tous ses mouvements. Quand l'instant fut jugé favorable pour le surprendre dans toute l'évidence de son lâche procédé, la porte fut brusquement ouverte. Son artifice était démasqué. Ce n'est qu'à ce moment que, confondu, il se décida à avouer que son père lui avait assuré qu'en agissant de la sorte il serait réformé et pourrait retourner au pays. Il fit par la suite un très bon soldat.

Une troisième victime de ces idées noires, qui ont toujours accès trop facile chez les sujets enclins au découragement, crut avoir enfin trouvé le sûr moyen de se soustraire aux ennuis du métier. Pour mettre son projet à exécution, que fit-il? Il sortit du quartier, emportant avec lui une hachette de compagnie adroitement dissimulée. Après avoir erré pendant quelques heures, se complaisant à l'avance dans un avenir exempt de misère, il revint à proximité de la caserne, se mit à l'écart, et d'un violent coup de son instrument se broya de la main gauche l'index de la droite. Il courut ensuite à l'infirmerie, où il essaya d'expliquer à tous, avec force gémissements, qu'il venait de se trancher le doigt en voulant déplacer une pierre. La version parut invraisemblable. L'enquête en démontra d'ailleurs la fausseté; aussi le conseil de discipline, devant lequel notre individu fut traduit, n'hésita-t-il pas, pour le récompenser de sa conduite, à prononcer son envoi en Afrique, dans la section des mutilés.

Quant aux lâches qui prétendent trouver dans le suicide la suppression des petits ennuis de la vie militaire, laissons-les descendre dans la tombe non seulement privés des honneurs de la sépulture, mais encore accompagnés du mépris général et suivis d'un ordre lu en public, dans lequel le chef de corps flétrit à tout jamais leur mémoire rapidement oubliée.

Nourrissons des sentiments plus nobles et plus élevés, et ne plongeons jamais dans le chagrin et la honte des parents honorables, qui doivent toujours pouvoir être fiers des actes de leur fils et placer en lui leurs plus chères espérances.

Rappelons-nous que notre vie ne nous appartient pas, et que nous n'avons pas le droit d'en disposer. Sachons conserver tout notre sang pour le verser, s'il le faut, le jour où la Patrie nous appellera pour défendre son honneur attaqué et affranchir nos frères depuis vingt ans exilés, qui supportent patiemment le joug pesant qui les accable en attendant l'heure certaine de la délivrance et de la liberté.

Relations.

Bien des conscrits se demandent avec une juste inquiétude quels seront les amis qu'ils vont rencontrer au régiment. Leurs perplexités sont d'autant plus justes, que les amis vrais et entièrement désintéressés sont plus rares et difficiles à trouver. Cette question est d'une importance capitale; aussi vous apporterez la plus grande prudence dans vos relations; du choix de vos amis peut dépendre votre vie entière.

La loi militaire atteignant toutes les classes de la société, vous ne pouvez donc éviter le contact des mauvais comme des bons sujets. N'entendez pas par mauvais sujets les voleurs et autres repris de justice, dont il est parlé plus haut, et qui rejoignent directement les bataillons d'Afrique, mais des jeunes gens dont la conduite, sans avoir été l'objet de poursuites judiciaires, laisse cependant à désirer. C'est dans ces deux classes d'individus que vous aurez à faire le choix délicat de vos amis. Il importe donc de ne pas vous tromper dans vos relations. Au lieu d'accepter au hasard et indistinctement toutes les invitations qui vous seront faites, tenez-vous sur la réserve. Étudiez d'abord vos camarades, et, avant de vous lier étroitement avec eux, voyez quels sont leurs goûts, leurs habitudes, le but de leurs sorties, etc. Méfiez-vous particulièrement des flatteurs, car la patte de velours cache presque toujours la griffe du lion. N'écoutez pas les hypocrites qui feront miroiter à vos yeux jouissances et plaisirs, pour vous entraîner à des dépenses et se moquer de vous ensuite. Fuyez le soldat qui dénigre sans cesse tous ses supérieurs, et pour qui le métier n'est qu'un supplice. Ne fréquentez pas les dissipateurs, les ivrognes, les insolents, les querelleurs, tous ceux enfin dont les actes ne sont qu'un tissu de mauvais exemples. En un mot, rappelez-vous avec une sage appréhension le proverbe suivant : « Dis-moi qui tu hantes, je te dirai qui tu es. »

De vos rapports avec les gradés.

L'obéissance et le respect que tout inférieur doit à son supérieur vous dictent suffisamment quelle conduite vous devez tenir à l'égard de vos chefs. Toutefois, dans la pratique, la déférence si facilement et pleinement accordée à l'officier, dont les connaissances développées et la haute situation assurent le respect, le prestige, et commandent la soumission, laisse trop à désirer dans les degrés inférieurs de la hiérarchie, et ceci s'explique surtout avec le recrutement régional, qui veut parfois que le jeune soldat rencontre comme supérieur un camarade du même village, un ami, un voisin connu de vieille date.

L'intérêt de la discipline exige cependant que l'autorité du brigadier ou du caporal ne soit pas un vain mot. Il importe qu'elle soit nettement et solidement affirmée. Vous pouvez et vous saurez certainement y contribuer puissamment.

Chacun sait que le caporal ou le brigadier est en contact permanent avec ses hommes; qu'il habite la même chambre, mange à la même table et se trouve ainsi par la force des choses mêlé à toutes leurs conversations comme à tous leurs jeux. Quel sera, dans ces conditions, le caporal au caractère assez fortement trempé qui, tout en restant constamment avec ses hommes, ne se commettra jamais avec eux et saura toujours, par la dignité de sa conduite, mériter le respect qui lui est dû? C'est là un problème difficile qu'il revient à vous de résoudre en partie.

Voici, dans ce but, le rôle important qu'il vous faudra remplir, tant pour le bien du service en général que dans votre intérêt personnel.

Loin de chercher à atténuer l'autorité de votre chef d'escouade en essayant de le corrompre pour diminuer son prestige et l'annihiler, s'il est possible, afin de vous débarrasser du supérieur gênant, il s'agit au contraire de faciliter la mission peu commode de ce modeste serviteur.

Reconnaissez en lui votre supérieur réel.

Obéissez-lui avec empressement.

Ne vous permettez aucune liberté avec lui.

Abstenez-vous de toute familiarité.

Ne l'invitez jamais à prendre part à vos jeux; laissez-lui cette initiative coupable, qu'il ne faut pas encourager.

Voyons d'abord ensemble ce que vous pourriez retirer d'un caporal ou d'un brigadier, même d'un sous-officier, dont vous auriez su gagner les faveurs en noyant sa dignité dans une bouteille, en la détruisant par des repas copieux ou des cadeaux souvent répétés.

Vous réussirez ainsi à paralyser dans son service ce gradé vénal qui n'a plus du supérieur que des galons souillés et fragiles. Vous échapperez sans doute à quelques corvées, quelquefois aussi à quelques punitions; mais ces privilèges salariés ne peuvent durer longtemps, car si vos supérieurs ne s'aperçoivent pas immédiatement des partialités injustes dont vous êtes l'objet, vos camarades lésés ne tarderont pas à se plaindre de ces graves irrégularités, qui ne peuvent tarder à être réprimées par des châtiments sévères.

Mais ce n'est pas tout.

Le gradé que vous vous gonflerez de tutoyer, avec qui vous croyez pouvoir jouer dans la chambrée perdra bientôt sur vous l'ascendant précieux dont il a constamment besoin.

Les familiarités qu'il vous aura permises et dont vous saurez, sinon abuser, du moins profiter avec empressement, vous feront insensiblement oublier qu'il est revêtu de galons qui lui confèrent le droit au commandement. Vous ne tarderez pas à ne voir en lui qu'un vulgaire camarade, qui ne pourra désormais plus vous donner un ordre sans discussions. C'est ainsi que, dans un moment d'emportement, vous croirez pouvoir déchaîner librement sur lui toute votre colère. De là des épithètes injurieuses et des qualificatifs outrageants qui semblent tout naturels, mais qui n'en sont pas moins graves et passibles du conseil de guerre.

Mieux vaut donc faire son métier consciencieusement et ne pas avoir besoin des faveurs déloyales d'un supérieur corrompu.

La gamelle.

La gamelle, que la plupart des jeunes soldats autrefois regardaient tout d'abord avec un certain mépris, mais à laquelle ils finissaient par accorder tous les honneurs qui lui sont dus, ne se voit aujourd'hui dans les corps de troupe qu'à la période des manœuvres, ou, pour mieux dire, lorsque la troupe prend la tenue de campagne. En dehors de ces cas spéciaux, elle n'est utilisée, à cause de sa commodité, qu'à porter la soupe aux hommes de service à l'extérieur.

Cette fameuse gamelle, précieuse compagne du troupier en marche et que le vieux soldat n'aurait abandonnée qu'avec bien des regrets, vient cependant d'être remplacée, à la caserne, par un système mieux compris et plus confortable.

Au lieu d'aller à la cuisine, où la vue des « cordons bleus » n'était pas toujours faite pour exciter l'appétit, prendre, s'il en restait, une gamelle dans laquelle il lui arrivait quelquefois de chercher en vain une portion de viande parmi les quelques morceaux de pain nageant dans la quantité réglementaire de bouillon, chaque jeune soldat maintenant n'a plus qu'à se rendre au réfectoire, dont l'installation est irréprochable. Au lieu de la gamelle d'une propreté souvent douteuse, il y trouve, apporté par des hommes de corvée, soupière commune, assiettes et plats appétissants, et rappelant la vie de famille. Les repas, qui consistaient jadis invariablement dans l'éternelle soupe le matin comme le soir, sauf le dimanche, où, par exception, l'on pouvait voir au fond de la gamelle quelques cuillerées du fameux rata, sorte de ragoût de mouton au lard et aux pommes de terre, sont aujourd'hui des plus variés. La soupe du soir est avantageusement remplacée par des ragoûts, des bœuf-mode, des rôtis entourés de légumes et suivis de salade, quand la saison le permet, etc. De là à la maigre gamelle que le jeune soldat était obligé de manger à califourchon sur son lit, qu'il ne fallait pas tacher, ou le plus souvent sur le plancher, les anciens ayant accaparé les tables insuffisantes du casernement, il y a loin.

Avec le système d'aujourd'hui, le caporal chef de plat faisant la répartition entre les hommes, chacun est assuré d'avoir une portion convenable. Ces améliorations importantes, que nous devons à l'infatigable sollicitude de nos chefs, permettent également à ceux dont l'appétit est moindre de faire bénéficier de leur part, sans que l'amour-propre en soit froissé, les camarades qui mangent davantage, au lieu de voir les restes de leur gamelle jetés dans le baquet des os et eaux grasses, et on peut dire que l'ordinaire du soldat est satisfaisant. Si vous ajoutez à cela le café qui vous est donné le matin avec le biscuit qu'une circulaire ministérielle récente vous donne les moyens de préparer, il n'est pas exagéré d'avancer que les deux tiers des hommes n'ont pas toujours chez eux une nourriture aussi abondante et d'aussi bonne qualité.

Dans ces conditions, abstenez-vous d'aller à la cantine où, malgré toute surveillance, vous êtes généralement exploité. N'y faites pas, surtout en boisson, des extra non seulement inutiles, mais toujours très onéreux, et mettez-vous résolument et dès le premier jour au régime très confortable de l'ordinaire. Vous vous en trouverez tout aussi bien, et votre bourse s'en portera mieux.

Punitions.

Mettez en pratique les recommandations qui vous sont faites à tous les points de vue; montrez-vous dès le début discipliné et plein de bonne volonté; vous éviterez ainsi de tomber sous le coup de punitions marquantes. Bon nombre de militaires quittent le régiment avec un livret absolument immaculé, ayez l'amour-propre de les imiter.

Redoutez surtout de commettre les fautes graves qui valent à leurs auteurs des punitions de prison et de cellule et transforment la caserne en un véritable pénitencier, où les habitués des locaux de répression traînent péniblement des jours interminables et manquant totalement d'attraits.

On entend par fautes graves particulièrement celles commises pendant un service ou en état d'ivresse.

Pénétrez-vous à ce sujet de l'article 47 de la loi militaire, ainsi conçu :

« Les militaires qui, pendant la durée de leur service, auront subi des punitions de prison ou de cellule, seront maintenus au corps après le départ des hommes de leur classe, pendant un nombre de jours égal au nombre de journées de prison ou de cellule qu'ils auront subies. Cette disposition ne sera pas applicable aux militaires qui au moment du départ des hommes de leur classe seront en possession du grade de sous-officier ou de celui de caporal ou brigadier.

« Si le total de ces journées de prison ou de cellule dépasse soixante, la durée du maintien au corps sera fixée par le conseil de discipline, statuant en dernier ressort; elle ne pourra être inférieure à trois mois ni supérieure à un an. »

En présence de telles conséquences, il est inutile de trop insister; la lecture seule de ces quelques lignes saura, sans nul doute, vous inspirer les plus sages réflexions.

Permissions.

Avec le recrutement régional, une quantité de jeunes soldats qui se trouvent à proximité de leur famille ne pensent qu'à demander des permissions pour retourner chaque jour au pays.

Personne ne saura vous interdire de solliciter une faveur, si vous croyez l'avoir méritée; cependant il ne faut pas qu'il y ait abus et vouloir ainsi, par vos absences répétées, vous soustraire à chaque instant à la vie régimentaire, qui ne doit pas être supportée comme une charge accablante, mais aux exigences de laquelle nous devons tous nous soumettre avec un légitime orgueil.

Pour refroidir d'ailleurs ces désirs enfantins de vous trouver constamment au milieu des vôtres, faites appel à votre virilité et sachez que les chefs de corps sont mis en demeure par l'autorité supérieure de n'accorder qu'avec mesure et modération des permissions aux militaires qui sont sous leurs ordres, afin de maintenir le plus grand nombre d'hommes possible sous l'action de la discipline et du commandement.

D'un autre côté, à quoi servent ces absences multipliées qui n'ont rien de militaire, si ce n'est qu'à vous faire dépenser inutilement votre argent et surtout à vous exposer, par vos rentrées en retard et par vos infractions, à encourir des punitions dont vous pouvez facilement vous exempter?

Devez-vous considérer ces recommandations comme une défense absolue, ainsi que l'a fait un jeune soldat du régiment, qui a manqué à l'enterrement d'un de ses proches, prétextant qu'il était depuis trop peu de temps au service pour oser déjà demander une permission? Certes, non; car il va sans dire qu'à l'occasion du décès d'un de vos parents, pour affaires de famille ou autres circonstances graves, l'autorité militaire ne saura jamais vous refuser une permission de quelques jours.

Religion.

La liberté de conscience existe dans l'armée d'une façon absolue, et ceux qui professent une religion quelconque peuvent la pratiquer librement.

Le dimanche, autrefois exclusivement consacré aux parades et aux revues, est aujourd'hui entièrement laissé à la disposition de tous.

A l'époque des fêtes pascales, les permissions sont accordées dans une large mesure.

Nul, au régiment, ne songera donc à vous interdire les pratiques religieuses, à la condition, bien entendu, que le service n'en souffre pas.

Faites votre devoir religieux, si tel est votre désir, mais faites-le en silence et sans ostentation.

Le drapeau.

Mais, si la religion permet des divergences d'opinions, il est un culte sur lequel les esprits ne doivent point s'égarer. Ce culte, c'est celui du Drapeau, cet emblème de la Patrie, dont les inscriptions en lettres d'or nous rappellent tant de gloire!

Sur le drapeau figure le nom des batailles dans lesquelles le régiment s'est illustré; il est donc l'image vivante de l'histoire glorieuse de la France; il rappelle les hauts faits d'armes accomplis par vos aînés, qui, rangés sous les plis sacrés de leur cher étendard, se battaient en héros et décidaient de la victoire.

Le drapeau de votre régiment vous sera présenté quelques jours après votre arrivée au corps; il sera pour vous non seulement l'emblème de la nation, mais aussi le souvenir palpable des actes de courage de ceux qui ont vaincu pour l'honneur du numéro que vous allez porter.

Et puisqu'il est démontré que sa présence suffit pour remuer le cœur des braves et décupler leurs forces, qu'en cet instant solennel, où vous le verrez pour la première fois, tous vos cœurs battent à l'unisson pour lui prêter serment d'amour et de fidélité, lui promettre le sacrifice de votre vie, la dernière goutte de votre sang, plutôt que de le voir souiller par une main ennemie et l'abandonner lâchement dans le déshonneur et la honte :

A bon entendeur, salut !

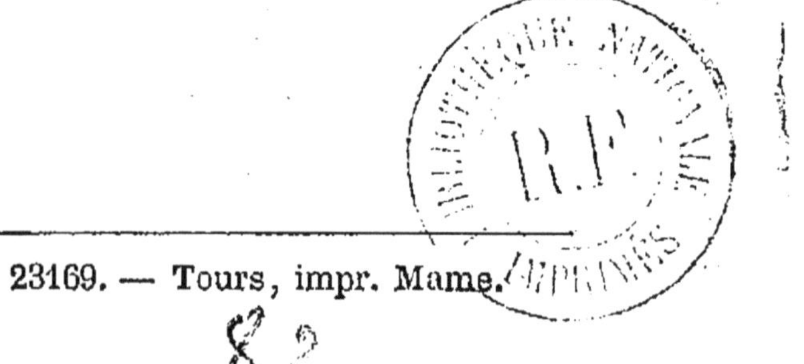

23169. — Tours, impr. Mame.

www.ingramcontent.com/pod-product-compliance
Ingram Content Group UK Ltd.
Pitfield, Milton Keynes, MK11 3LW, UK
UKHW022111170726
13837UKWH00003B/1162